민달팽이 한 마리가

리토피아포에지 · 72
민달팽이 한 마리가

인쇄 2018. 3. 5 발행 2018. 3. 10
지은이 김유석 외 펴낸이 정기옥
펴낸곳 리토피아
출판등록 2006. 6. 15. 제2006-12호
주소 22162 인천 남구 경인로 77
전화 032-883-5356 전송 032-891-5356
홈페이지 www.litopia21.com 전자우편 litopia@hanmail.net

ISBN-978-89-6412-094-1 03810

값 9,000원

이 도서의 국립중앙도서관 출판예정도서목록(CIP)은 서지정보유통지원시스템 홈페이지(http://seoji.nl.go.kr)와 국가자료공동목록시스템(http://www.nl.go.kr/kolisnet)에서 이용하실 수 있습니다.(CIP제어번호: CIP2018006380)

지평선시동인/제3집

민달팽이 한 마리가

3집을 묶으면서

황금 들판을 돌돌 말다 보면,
지평선이다.
지평선을 쭈욱 펼치다 보면,
황금 들판이다.

지평선 사람들은 황금을 씨뿌리고,
황금을 거두는 사람들이다.
그들 자신들이 바로 황금이다.

알알이 영근,
황금을 세번째로 모아 엮는다.

지평선시동인 일동

차례

●김유석

아악惡, 몽夢!

어릴 적 잃어버린 고무신 한 짝

잃어버린 신발 대신
울먹울먹 끌고 오던 초승달 생고무신

발자국이 닳아
헐거운 짝발 벗겨지지 않았다.
신은 채 잠들면
발바닥이 빨리 자라
점점 꼭 끼었다.

걸음이 커져도 항상 오종종한 게
밥풀떼기처럼 따랐다.

맨발의 기분
뒤로 걷는 듯한 느낌,
초승달만큼 눈을 뜨고
초승달빛 만큼만 침침하게 걸었다.

소나기 떼 몰리던 둥근 밤이었다.

소나기 떼가 쏟아 놓은
진창에 한 발 빠졌다, 휘영청
한 발은 공중에 들고
세상을 기울이듯
절룩거리기 시작했다.

초승달을 신었는데 구두징 소리가 났다.
달이 부풀며
발자국이 사라졌다.
신발을 벗고 살펴보니

아악, 발바닥이 둥글다.

도둑맞는 죽음

만기보험금을 탔다.
왠지 공것 같아 한 잔 마신다.

무심코 집는 마른안주처럼
계약서의 약관을 훑으며
뒤늦은 계산을 당겨본다.

이런, 멀쩡히 살아있다는 게 엄청 손해다.
질병 한 번 앓지 않고
꼬박꼬박 지불해 온 육신

종종 아파야 믿지지 않는 생보다는
죽고 싶을 때 죽지 못한 생의 순간들에
공연히 울화가 치민다.

꼭 그렇지만은 않기를 바라며 들었으나
막상 지나고 보니
이런 억울한 갑질이 또 있나

죽음을 담보한 육신보다
건강을 담보한 죽음의 몫이
훨 높게 책정된 수치들

죽음의 방식에도 차이가 있구나
아쌀하게 죽는 것보다
시름시름 시들어야 가장 값진 죽음

그러나 나는 살아 있다.
병들고 죽은 것들이 판치는 이승에서
부의금 대신 축의금을 받아 한 잔 한다.

죽은 자의 몫을 훔쳐 먹는 삶도 있을 것이니, 필경
빈 술병 같은 생에 취할 수밖에는

민달팽이 한 마리가

집 나온 지 오랜 몸이 끈적임과 더듬이만 남아

맨살로 타일 벽을 밀어 간다. 제자리인 듯 두리번두리번

벼랑을 바닥처럼 타는 집도 절도 없는 먼 노숙露宿

껍데기를 버리고 터득했을 느린 보법이 편안해 보이기도 하다.

어렵게 살면 어렵고 쉽게 살면 쉬운 연체軟體의 세상이

완생完生에서 미생未生으로 시간을 데려가는 것 같다.

달팽이로부터 멀어지는 지루한 행보가 죽음을 닮았으나

벽에 붙어 있는 한 용하게도 살아 있다.

복음福音

함석지붕에 얹힌 부로꾸 한 장 때문에
바람이 난처하다.

들춰? 말어

부로꾸 한 장의 무게로
겨울 밤바람이 까맣게 눈다.

끙,

문간 달개지붕 아래
어미 소가 새끼를 낳고 있는 줄은 모르고

꽈다당!

코골이 영감이나 골리러 몸채 기웃
빨래줄 바지랑대에 걸려 나자빠진다.

| 시작메모 |

* 죽음은 내게 남은 유일한 희망이다 - 영화 『씨 인사이드』

* 『모래의 여자』 - 〈아베 코보〉의 소설

* 나는 발효한다. / 고로 존재하지 않는다. - 졸시 「누룩」

여전히 실존의 문제다.

김유석 김제 출생. 1989년 〈전북일보〉, 1990년 〈서울신문〉 신춘문예 시 당선. 2013년 〈조선일보〉 신춘문예 동시 당선. 시집 『상처에 대하여』, 『놀이의 방식』. 계간 리토피아 편집위원. 김제 거주.

●김인숙

그믐달

정읍 시외버스터미널 뒷골목
나무의자 두 개 놓고 이모는
국수와 막걸리를 팔았네
손끝에 뭐가 있는지 보자며 눙치는 술꾼들에게
이모는 이모 같은 웃음으로 안주를 더 내곤 했네
그 손끝으로 이모는 온종일 국수를 말고
반건달 이모부는 살림을 말았네
육남매, 봉숭아 씨처럼 튀어나가고
평생 설거지통에 담근 손도 말랐네
침을 발라야 겨우 나이를 셀 수 있지만
손끝은 여전히 맵고 짭짤해
김장철마다 수백 포기의 배추가 숨을 죽였네
여섯 박스 김장을 묶어 놓고 이모는
복수로 부풀어 오른 배를 부둥켜안고 뒹굴었네
막, 삼도천을 건넌 이모의 검푸른 손
하얀 국수발을 건지던 손끝에 어슴푸레
붉은 달 떠있었네
작년여름 봉숭아꽃 따던 늙은 소녀
손톱마다 조각달 몇 개 건졌네

손끝의 비밀이
붉은 그믐달로 지고 있었네

배설의 기억

남자의 생각이 골똘하다
아내의 바가지 소리는 귓등으로 들으며
눈 감은 채 잠 깨
핸드폰 기록과 기억 몇 조각으로
간밤을 꿰맞추고 있다
어제의 출항은 풍랑이 깊어
아직도 머리 한 쪽은 흔들리고 있다

때를 못 만났다며
세상을 향한 울분 한 움큼과
맥줏집 마담과 늘어놓은 찐한 농 몇 소절쯤
알아도 모른다 하리라
밤새 흔들리던 그림자는
골목 반대쪽으로 몰려간 바람에 휩쓸리며
절레절레 고개 젓고 있으리라

남자가 어제를 채 갈아입지 못한 채
다시 출항을 준비한다
겨우 간밤을 복기한 습관처럼

남자를 태우고 왔던 조각배 두 짝이
현관에 아무렇게나 정박해 있다

남자가 닻을 올린다 아내의 눈을 피해
쏟아버린 기억을 기억하고 있는
조각배의 키를 돌려 바다로 나간다

어깨가
어제보다 가벼워 보인다

예의

목욕가방 안에 수건 하나 묻어왔네
-가져가지 마세요, 주인 백
버릴까? 생각하다
엎드려 방을 닦았네
모서리를 접어서 닦았네
사납기로 소문난 주인 얼굴이
닦을수록 또렷이 살아났네

내장사 앞마당 정혜루
인적 드문 그 누각에는 예쁜 찻잔 열댓 개
찻물 끓는 소리 독경삼아 엎드려 수행 중이네
바람이 찻잔의 땀 닦아 주네
대웅전 처마 밑 물고기들
시샘하며 물살을 차고 오르네
문득 내 마음이 바람도 없이 흔들렸네
극락전 아미타불님
단풍나무 사이로 빙그레 웃고 계셨네
다기들, 그 자리에서 오래오래 수행할 수 있는 것은
꼭 부처님의 미소 때문만은 아니라네

훔친다는 것의 예의는
주인도 모르게 행해야 한다는 것
내 마음을 잃고 나는 아프네
그 사람
무례한 사람이네

갈대비, 쓸다

주지스님 탁발 간 사이
햇살 한 줌
산그림자 한 조각 기웃거리는
내장산 원적암 앞마당
산새들이 올린 시주
바람이 들인 시주
그 시주들 묻은 무릎 털며
청소시주라도 해볼까
홀로 계신 부처님 눈에
온종일 그 마당 담겨있는데

마트에서 사들고 온 갈대비
메이드 인 미얀마
바다 건너
샨고원 비탈집 마루에서
이 비 만들었을
한 아비의 둥근 등이 떠올라
빗자루의 손잡이를 닮은
링목걸이의 긴 목도 떠올라

그 아비와 딸이 붉은 등불 아래
옥수수밥 오순도순 먹기를

내 기도에 그 식솔들 슬쩍 끼워 넣고
새소리 쓸고 바람소리 쓸고
부처님 미소까지 쓸어서
서쪽하늘 구름에 실어주고 싶은데

엔딩 크레딧

불이 켜지고 청소요원이 들어오고
서늘한 바람이 이마를 스친다 꿈에서 깬 듯
스크린 밖으로 나왔을 때 하늘에 낙엽이 날고 있었다
엔딩화면으로 날아오르는 이름들
익숙하고 낯선 이름들이 기억 저편에서 하나, 둘
낙엽에 섞여 날아오른다
아픈 이름
애틋한 이름
치욕이던 이름
지나가는 행인1의 이름, 행인2의 이름
기억 밖에서 서성이던 이름들까지 터벅터벅
하늘로 날아가고 있다
수많은 이름들 속에 작고 희미한 내 이름도 함께
알고 모르는 사건 사고들을 품고
흐르고 흘러 은하수를 타고 있다
끝내지 못한 스토리를 찾아 흘러가고 있다

| 시작메모 |

죽어가는 이모의 손톱
누군가의 낡은 구두
내장산 정혜루의 작은 찻잔
엔딩크레딧의 작은 이름들
원적암 대웅전의 새똥

언제부턴가
작고 힘없고 하찮은 것들이
마음속에 들어온다.

나는 어디를 향해 가고 있는가?
내 안에서 물을 때
나는 대답 대신
작고 힘없고 하찮은 것들을 볼 뿐이다.

김인숙 전북 정읍출생. 2011년《문예연구》로 등단. 정읍 거주.

●나왕수

밥 홍정

깜박이는 아이콘을 클릭한다.

점 하나 마음에 찍읍시다!
누구랑?
어리버리랑 셋

메뉴는?
순대
창사구탕은 식감이 좀 ……
국순 어때?

……………………
걍, 오늘은 국수로 갑시다

입맛에 입맛을 얹혀주는 한 끼니 목숨
이모티콘 하나 날려줍니다.

엄지 척!

문득

기차를 타고 소낙비 속으로 들어갔다.

기차보다 빠르게 차창을 긋는 빗방울들

살아온 길이었다가
꼬리 달린 유년의
가오리연이었다가

터널을 통과하는 동안
앞에 앉은 여자의 난막卵膜을 뚫는
정자가 된다.

어머니 뱃속에 1등으로 안착한
빗방울이었던 나,
이렇게 밖에는 살아갈 수 없는 생은
필연일까 우연일까

행선지가 같은지
밀치듯 서로 합체하는 빗방울들을
지그시 떠미는 여자의 눈이

나를 들여다보는 현미경 같다.

소통

귀를 타고 물이 내려간다.
한밤의 난독難讀

괄약근을 조이고 풀며
위층의 누가
정적을 읽고 있다.

한 지붕 아래 살아도
서로가 드난살이
먹고 살기 힘든데

먹은 걸 쏟아내느라
변기통에 힘주고
똥으로 소통한다.

벽 속에서 들려오는
몸의 언어 해독하다
새 이사 든 아랫집이 생각난다.

갑자기
항문이 근질근질하다.

어머니의 가을

다 가을 논머리
말가웃 콩 살뜰히 털고 난 후
도리깨 작신 두들긴 콩대 같은 어머니 손끝
튕겨 나간 콩알들 줍느라 다시 바쁘네.

배고픈 들새들이나 헤적거리게 놔두세요.
야야, 그 무슨 똥뀌는 소리냐
주먹만 한 콩알이 새 모가지로 어찌 넘어간다냐.
핀잔인지 푸념인지
노인네 손끝 좇아 내 눈알도 커지네.

독한 할매 같으니,
개똥 옆이나 땅 금 사이로 숨어
숨죽이는 콩알들 콩닥거리는 소리
쭈글탱이 같은 어머니 가슴팍에서 들리네.

겨우 한 줌,
콩알 쫑알 주워 든 허리
펴질락 말락

버려지는 게 아까워
주먹만 하게 보이는 콩알,
자식들 목구멍에 넣어주는 것이라면
주먹보다 크게 보이는 어머니

내년에도 거기 쭈그려 앉으라고
주웠던 몇 알의 콩
슬그머니 논머리에 버려두네.

고수

삼대가 모인 기일, 지방紙榜 대신 영정을 올려놓고 서열대로 술잔을 받듭니다.

여럿이 앉으면 안주거리가 있어야 제격

이참에는 도시에서 시골로 고등학교를 역진학하게 된 막내손주가 입초사에 올랐습니다.

거의 다 빵빵인데요, 수학 하나는 쬐~끔 해요. 사실인지 겸손인지

야, 하나라도 잘 허니 을매나 다행이냐. 남 얘기하는 며느리를 시어미가 받아칩니다 그려.

실망과 희망 사이 향이 피어오르고요

써글 것, 공부 좀 못허믄 어뗘. 백산떡 큰아들은 대핵교도 안댕겼는디 어디

회사 단장인가 뭔가로 시방 외국에 있다더만. 한 술 더 떠 손주 감싸도는 할머니

어떻게든 맘 편한 게 장땡이라

큰 딸 작은 딸 사위들까지, 한 마디씩 거들어 궁시렁거리는 소리에 조상님 영정이 벙긋합니다.

다 타고나는 뱁이여, 지 밥그릇 따로 있지 굶고야 살 것능가

제 탓도 조상 탓도 아닐지 모를 내일 걱정에 며느리만 뾰로통합니다.

꼭이나 석 점내기 접바둑 같아, 고수는 모른 척 헛 한 수를 슬며시 놓곤 하지요.

| 시작메모 |

험한 세상 찌 없는 낚싯대를 드리우고 말言의 역린逆鱗을 희롱하는 조사釣師가 되고 싶다.

나왕수 김제 출생. 국민건강보험공단 재직. 익산 거주.

● 문상봉

월인천강月印千江

소쩍새 소리만 그득한 밤
칠불산 깊은 골짜기
허리 굽고 눈 어두운
부처님 발톱이나 깎으러 가야겠습니다
가서
궁시렁궁시렁 그간 뜸한 발걸음에
서운한 이야기나 들어야겠습니다

아 저런.
발톱이 튀어 그만 초생달이 되었군요

월인천강 월인천강지

밤이슬이나 구하러 다니는 서러운 미물들
돌부리 채지 말라고
눈꼽만 한 마음 궁창에 남겨 놓았군요. 아, 글쎄
밤봇짐 싸고 눈물 훔치며
뒤돌아보는 김서방네 내외도 보이는군요
아, 저런

스무 발짝 뒤
불러오는 배 광목 칭칭 두른
순이도 보이구요
귀뚜라미소리
잎이란 잎 모다 맺혀있는 밤이면
토란잎 같은 천관산
바람도 헛헛거리며 지나가는 오막살이 몇 채
한 뼘쯤이나 될까 말까
코딱지 들창가 서성서성 구다보며
코풍선 부는 어린 보살의
숨소리나 들으러 가야겠습니다
볼그란 뺨에 입술이나 살짝 대볼렵니다

그런데 말이지요

들숨날숨 내쉬는 꿈 까르르 그대로 풍선되어
감나무 가지에 걸렸는데요

월인천강 월인천강지

코자던 강아지도
겨드랑이 검은 깃에 부리 파묻던 까막까치도
사그락사그락 행길 행군하던 게 군단도
고개 들어 바라보는 군요
바지란히 돋은 눈은 그대로 까만 별이 되고요
호기심 많은 어린 게들이,
서로 휘파람 불며 발을 구르며
빙빙 원무를 추는데요
막 추는데요 막 돌아가는데요

아득한대요
참으로 광활하고 아득한데요

만가輓歌

개 짖는 소리 유난한
환청幻聽 같은 초겨울
내내 흔들리던 까치밥마저 떨어지고
저마다 돌아가는 길
어두워지는 시간은 북망北邙의 나직한 목소리가 들리지

흙과 바람이 어우러지는
구름 밑 낮은 산등성이
하염없이 만장 날리는 언덕에 몇 뿌리 노래를 말리노라면
흰 갈비뼈 이랑이랑 노니는 바람
갈가마귀면 어떻고 들개면 또한 어떠리

그냥 두게나
훌훌 떠나는 발길마다
아리 아리랑 스리 스리랑
길 먼저 제 스스로 풀어져
아리 아리랑
풀어지면 풀어지는 대로 흘러가는
섬이여 고군산열도古群山列島여!

잿빛 초분草墳 위에 깜빡 조는 이슬이
내 영혼 차라리 저러하거니
다만 오늘은 저 삭아내린 가슴 위에
달빛 목 놓아 부서지게 하리야
머리 푼 억새꽃 밤새 몸부림치게 하리야

마하반야바라밀다

1. 풍장風葬

바람 가운데 거居하라
먼 길 엿보았더니
어디선가 문득 피리소리
우리 저 안개와 같아 길 따라 모이고 흩어지고
질긴 모가지 들어 눈을 뜨면
삼세인연三世因緣 참 아득도 해라
미명 속에서 그 허망한 허리를 붙안고 흩어지는
우리는 무엇인지
비명도 없이 들거미줄이 흔들린다.

차갑지도
그렇다고 뜨겁지도 않은 땅의 가슴 맞대었더니
버려라 버려라 혼도 백도 인연도
지극한 슬픔이여, 아교 같던 탐진치貪嗔痴도
낡은 몸은 이토록 자유로워라

더러는 흙이 되고, 바람이 되고
더러는 물이 되어 천리만리 아득한 꿈 흘러가거니
천지인간天地之間 홀로 누워
피와 살을 말리고

차라리 빈 손으로 하늘을 껴안을 때
이 세상 사슬이란 사슬은 모두가 새떼구름
하늬 바람에 서천西天을 나르네

흩어지면 이제는 길 아닌 것 없어
모두가 길이 되어
발밑에 눕는 길마다 스스로 풍경이 되어서는
아, 오직 나 홀로 있어라

2. 모래 시계

모래가 흘러내린다.
끝없이 서걱이며 몸 부비며
붙잡고 매달리지만
끝없이 침몰한다. 우리는
아주 먼 옛날부터의 부서진 기억
새겨졌다 지워지고
매달릴 것 없는 외로움은 알몸 그대로 흘러내린다
오늘은
붙잡을 수 없는 어제.
갈 곳 없는 축축한 눈빛들만 모여 저녁연기로 날리는
바람의 집

몸부림치다 다시 갈대가 쓰러진다.

3. 무색성향미촉법無色聲香味觸法

빛의 그물에 걸린 나비
파닥거리고
소리의 늪에 빠진 노래
허우적거린다
더러는 독향毒香에 쓰러지고
더러는 바다보다 깊은 육肉에 갇히고
더러는 비수보다도 날카로운 혀에
심장을 찔린다.
발 디딜 곳이 없는 그 자리
백척간두

발을 내디뎌라 한 발만, 제발

4. 적중 的中

하나의 점을 향하여
하나의 선을 긋는다.
너와 내가 하나가 된다.

욕망의 긴 포물선 활개 끝에
꿰뚫려 내 몸이 되는 그대

선線위에서
눈眼은 푸른 사랑으로 붉은 눈과 만난다.
팽팽한 시위를 당기며 듣는 심장의 소리
뜨거운 피를 향하여 화살을 날린다.
뼈와 뼈를 꿰뚫으며 다가서는 눈부신 행진.
삶과 죽음의 영원한 화해

5. 무無에서

모래를 헤리로다. 아난阿難아
항하사恒河沙 같은
집착을 버리리로다. 수보리須菩提야
듣느냐
일찍이 네 살 속에 있는 바다
네 가슴 속에 사는 파도
출렁일수록 스스로 몸 다스리는 법法을
먼 수평선 끝이 저절로 팽팽히 하나 되는
가도 가도 무궁한 일법一法을
미진도 애증도 썰물처럼 빠진 자리

갯흙에 칠게 농게 구멍 사이 빈 그늘마다
이 세상 가장 낮은 곳에서부터 온몸으로 스미는 법法을
듣느냐.
깨달았다면 이와 같이 들었다
설說하리로다

6. **다비茶毘**

이제는 고삐를 풀고
기다림의 오랜 사슬을 풀고 맞는
이승의 가장 허허로운 때

어서 오게나

두 손을 벌리면
눈썹까지 밀려오는 죽음,
이제는 당신이 이 누더기의 주인이오.
의발일랑 그냥 놔두소

장지문에 잠시
햇빛 고개 내밀다 가듯
남향바지 툇마루 먼지는 언제 떠날지 몰라

짧은 해 그림자도 언제 사라질지 몰라

아, 저것 좀 보아.
적멸의 불꽃,
모닥불에 마지막 남은 눈 하나를 던지면
어이 어이 어이여
노래 불러야 하리
갈증처럼 어둠을 껴안고
흐응. 타오르는 빛, 쓰러지는 빛
흔들어야 하리
목숨의 끝에서 한 순간 나부끼는 저 깃발을.

망해사望海寺 · 2

벌써 가을인가
분꽃 이파리마다 먹물 눈빛 있었네

망해사라나
먼 곳에서도 보이는 아름드리 늙은 팽나무
그 그늘에 낡은 청조헌聽潮軒은
파도소리에 귀 멀고
초가을 가려운 겨드랑이쯤에선
말매미가 숨 넘어가도록 울었네

물들어 오는 만경강 하구河口
금빛 물비늘 어지러운 저물녘인데
바다 넘어 멀리
망해사, 그 무엇을 그리워하여
발목 언저리마다 머뭇머뭇 돌이끼 키우는가
묵묵히 목 구부려 저녁 바다를 바라보자니
무거운 저녁 종소리 물결마다 몸 뒤집는
나지막한 예불문.
아아, 허벅지를 찌르며 누르는

눈물 콧물로도 끄지 못하는, 온몸 태우는 불
아득한 옛날, 실뱀장어 기어오르는 봄 그믐
서성이던 문턱 넘어 야반도주한
숨 가쁜 어린 비구니 숨결 따라
울컥울컥 만경강 긴 목 넘어
되돌아오는 갯바람 있었네

| 시작메모 |

법당 안은 무섭지만 법당 밖은 찬란했던 어린 시절의 기억. 서늘한 법당과 향냄새는 아직도 생생하다. 기억은 시각이나 청각보다 냄새와 촉각에 더 성감대가 있는 것 같다. 여전히 법당 안은 들어가기 싫지만 댓돌 위의 고무신이나 털신은 보기 좋다. 그러고 보니 나는 한 발짝도 불교 안에 발을 들여놓은 적이 없다. 변죽만 울린 것이다. 다만 벗어나기 싫은 그 무엇이 있다. 아마 허무 아닐까? 불교는 죽음과 떼어놀래야 뗄 수 없는 그 무언가가 있다. 육탈한 이후 그 무엇이 우리에게 남아 있을까 생각해 본다.

절과 불교에 관한 단상 몇 편 정리했다. 25년 전 망해사와 30년 전 위봉사, 35년 전 고군산열도의 풍장을 어두운 암실에서 현상하여 꺼낸다. 빨래집게에 매달려 흔들리는 흑백사진 같은 것. 반야심경은 근본적으로 내 젊은 날 어설픈 객기의 알리바이이다.

문상봉 1962년 김제 출생. 전북대학교 국문과 졸업. 현재 청하중학교 교사.

●박윤근

달빛 감는 고양이

늦은 밤, 고양이 한 마리 빗물 속 달빛을 핥고 있네
저 몸짓은
둥근 털실을 잃어버린 고양이가
아침을 부르는 의식,
한때 따뜻한 저 실을 따라
크리스마스트리 반짝이는 불빛과 웃음이 감기는 사이
꾸벅 졸며 길을 잃은 고양이,
거리에 나오자 굴릴 것이 많아졌네

이제는 둥근 자동차 불빛에 뛰어들거나
달빛을 감으며
북~ 찢긴 비릿한 밤의 다른 표정을 감아올리지

한 올 한 올 감아올린 실타래 안으로
어둠에 몰린 사람들의 몸짓
팽팽히 당겨 올 때면
달빛 속 검게 번식한 고양이족을 볼 수 있네

그것은 백 묘苗가 흑 묘로 가는 양식

달의 정수리까지 그믐달처럼 검게 변해 가는,

세상의 모든 저녁과 식탁의 둥근 틈 사이는
모두 비릿한 생선냄새를 가지고 있어
길을 잃은 한 무리 고양이들
또 달빛에 뛰어 드네

저 먼 달 속으로
순한 눈빛들이 하나둘씩 가로등처럼 켜져 가네

허방의 기법

허방도 길을 낸다
붓은 의도의 수액을 적셔 날을 세운 것이어서
필치가 완성될 때쯤
갈라진 갈기마다 탄탄한 뼈마디를 드러낸다
화폭의 내압에 따라 중심을 향해 가는
푸른 지느러미들이 보인다
허방이 제 세계를 확장하는 기법이다

허공에 몸을 던져 본 이는 안다
의도는 생각에서 가지를 치기도 하지만
내상을 입기도 한다
의도가 과장을 부른 붓끝
여백의 모퉁이를 돌더니 저 뚝 아래를 걷고 있다
화사하게 획을 친 가지에 집착이 옹이처럼 번져 있다
길을 잘못 든 이
스스로 붓을 꺾는 것도 그 이유다

허방은 제 몸 위에 모든 발자국을 허용하는 것 같지만
파지처럼 몸을 던진 이에게만

길 하나 내어준다

허방 속에 꽃이 피고 진다

삐비꽃

산기슭 중턱에 활자들이 뭉텅 빠져 있다

기우는 오후 두 시의 각도에서 지워졌다

식물도감 빨간 볼펜으로 밑줄 친 그 속이다

손톱 밑으로 공복이 하얗게 말려들던 손,

보이지 않는다

직선으로 줄기를 뻗는 습성의 어느 풀은

종내 책등을 넘어 백태처럼 사라졌다

마음의 돌확에 여운이 길지 않았다

구멍에 빠진 저 풀

속지를 넘겨 줄 때는 결이 민감해져

오래 변색되지 않는다

하지만 손이 멀어져 상처 난 마음

자간을 지나는 좀벌레에게는

치명적인 먹잇감이었다

뻥 뚫린 주변에 자라던 개정 향 풀도

끝내 문장들을 잡아주지 못한 손끝이 파랗다

책갈피 사이로 무거운 생각

뼈로 압화 돼 간다

향기 없는 꽃이 무슨 죄가 되었는지

입술의 빛깔 지우며 다른 식물의 일가가 된다

결의를 해지한 풀들

어둔 구멍에 웃자란다

오랜 도감의 서열이 바뀌고 있다

쇄빙선

병실 한 구석, 쇄빙선 한 척 길게 정박해 있다
커튼에 가려져
물 한 방울 빠져나가지 못하는
담수호 창문 위로 어족이 넘나든다
검게 번진 버짐은 결빙을 예감하지 못한 이들이
몸속 긴 해안을 걸어온 흔적,
빙벽을 헤치고 오는 동안
얼음처럼 굳었던 손마디가 풀리는지
오늘은 오줌주머니가 일찍 부풀어 출어가 빨라졌다
탈수된 몸은 이제 닻을 내린 듯
낱낱의 어종을 기억할 만큼 촘촘하지 않아
경색된 후륜의 기억 사이로
물오른 잡어 떼 한 무리가 끼었다
저인망 그물에도 닿지 않는 저 항적을
분리해 내는 작업은 힘든 일
욕망의 장식을 버리면 이제 편해질 것 같다는 생각,
링거를 타고 내려온다
신발의 뒤축처럼 닳은 흉추의 통증이 풀리자
선단에 몸을 가누던 눈빛, 천장에 떠 있다

기울었던 몸의 균형이 병실 안으로 출렁인다
늘 모났지만
안으로 둥글던 사내의 속내가
오랜만에 따뜻해진다
또 몸으로 바다가 오는지 먼 곳 발끝부터 저리다

새 발의 문장

온돌방에 자던 얼굴에 붉은 새 발 문양이 찍혔다

아직도 화살 촉 소리는 가시지 않았다

인간의 육신이 수면에 들 때는
시위를 놓친 과녁과도 같아서
활을 떠난 새는 火鏃처럼 달아
내 몸 속 저편을 향했을 것이다
새벽녘 발톱이 공기를 가르며 착지하던 순간
죽비를 내리치는 라마의 습성을 닮았었다
습성은 언제나 불완전한 것이어서
내 몸에서 떠나보내야 할 것을 정확히 구분해 냈다
파문이 오래도록 출렁였다
새는 맹독을 입에 문 듯 초연히 한 문장만을 안고
만리 이녁을 날아왔을 것이다
세상에 대한 나의 신열은 그다지 미덥지 않았으므로
이 문장을 수신할 이는 나였음이 확실하다
필지筆紙에 촘촘히 적어 정성을 다한 발자국은
온기 한 점만 아니다
화인火印 찍힌 정신이 말갛다

| 시작메모 |

누구나겠지만, 지난해는 힘든 시간들이었다. 이 시들은 거의 초기 작품들이 선별됐다. 2010년부터 발표된 시들이지만, 개인적으로는 벌써 8년이라는 시간이 지난 셈이다. 부끄럽다. 그 게으름에, 늦은 밤 냉장고 문을 열면 배고픔보다는 어느 어느 골을 거쳐 와 나의 목을 적셔 줄 시원한 물 한 모금, 시 한 편을 상상하지만, 올해 대단한 계획이 이미 꿈꾸는 대로 이뤄지지 않을 것이라는 것은 먼저 알고 있다. 이런 난센스를 역으로 돌아쳐 오는 것이 시일 것이기 때문이다. 단지 지난 시들을 돌아보는 나의 엄격함이 이러저러한 시들로 풀어 나오길 기대해 볼 뿐이다.

박윤근 부안 출생. 제12회 수주문학상 수상. 제14회 시흥문학상 수상. 제2회《문예바다》신인상 수상. 익산 거주.

●배귀선

환청

허락된 그 너머를 물었는지
생피가 묻어난다

제때 자르지 않으면 구멍이 난다는
자를수록 자라는 어머니의 말씀

나일론처럼 질긴 그것을
양말을 신으려다 말고 자른다

야야, 섬돌 아래 밟힌 채송화
꽃대 올라오는 것 좀 봐라!

변변찮은 세상살이
널뛰다 돌아오는 비틀걸음 부축하던
가신 지 십 수 년인 어머니의 말씀

나이가 들수록 고집스럽게 불거진다
양말 밖으로 삐져나오는 발톱처럼

수목장

꽃이 피고 잎이 지고
흙으로 가는 나무의 세월을 바라보며
당신이 자꾸만 떠오르는 것은
그늘이 점점 좁아지기 때문입니다

당신이 잠든 나무 아래
맨바닥에 앉아봅니다
겨울 나뭇가지 사이로 보이는 하늘
썩은새 같은 세월을 일없이 툭툭 꺾어
비석으로 세웁니다

당신, 내년 봄이면 비문 같은 이파리가
한 소식 돋겠습니까

맨발

중년의 철가방이
빨강 신호등을 밀치는 순간 세상이 정지된다

급브레이크를 밟은 자동차 앞에
식탁을 차리듯 요리가 신속하게 배달되고
벗겨진 신발이 중앙선을 넘는다
허공에라도 오를 것처럼 바퀴는 한참을 내달린다
한시라도 멎으면 면발이 부르튼다는 듯
제 발이 부르튼다는 듯

발자국들이 섞이는 건널목
이미 초록 신호등으로 바뀐 횡단보도가 붉어
건너려던 사람들 발길을 붙잡는다

탄력을 잃은 면발의 사내
낡은 지갑에서 삐져나온 사진 속 꼬맹이가
젖니 빠진 잇몸으로 함박 웃는다
생일날 자장면을 기다리는 아이처럼
환하게 오래 서 있는

찌그러진 건널목
짬뽕국물에 젖는다

약장수

천국은 가파른 이 층에 있고
가래 끓는 소리 부축하는 일요일

아들보다 더 아들 같은 머릿기름 번지르 한 사내가 돌리는 말
요즘 관절은 어떠신지
한 번도 깨진 기억 없는 연보함에 담아
맨 앞줄부터 한 자리도 놓치지 않는다

평화로운 은총이 골고루 나누어지는 동안
무대 위 사내는 두 손을 더 높이 불끈 쥔다

그의 은혜 충만한 몸짓이
실내를 한 바퀴 돌아
찬송과 영광 받기에 합당한 기도문으로 이어지는데

비스듬히 기댄 지팡이 하나
이어지는 영광을 깨닫지 못하고
찬송과를 찬송가로 바꿔 듣는다

첫소리만을 들은 노인의 귓바퀴가 찬송가를 펴는

천국의 계단 아래
늦게 도착한 2호 봉고차 문이 열린다
수고하고 무거운 짐 짊어진 지팡이들

이층에서 흘러나오는
건강은 쉽게 얻어지는 게 아니라는 말에
방점을 찍으며 오른다

거울의 배후

새 한 마리 백미러에 앉는다
허공이 날아와 거울 속에 갇힌다
한참 들여다본다, 갸웃
새의 얼굴을 처음 본 새의 눈에 나뭇가지가 가늘게 흔들린다
발가락이 거울 속에 박힌다
날개는 먹이를 찾는 고단한 일상
파닥거려야만 먹이를 떠올릴 수 있다
날개가 달렸다는 것을 처음 안 새의
은박지 같은 허공이 일그러지고
전면과 배후 사이
날개부터 거울 속으로 사라진다
뒤편만을 기억하는 백미러 속
백악기의 하늘을 떠돌던 익룡翼龍들
날개를 꺾고 울창한 숲을 긴다

얼마 후,

육식의 습속을 뜯어먹은 크로마뇽인 하나
가든 주차장 백미러 속에서
이빨을 쑤시고 나오며 씨익 웃는다

| 시작메모 |

우리 집 측백나무 울타리, 여름에 보이지 않던 집이 드러났다. 보일까, 두근거리는 심장의 파동으로 둥글게 지어진 새의 집. 그 두근거리는 가슴 가까이 박혔을 솜털 몇, 아직 움직이고 있다. 흔들리는 것은 바람 때문이 아니라 두려움 때문이다. 내 시는 그 솜털 같은 것이다.

배귀선 부안 출생. 2011년 〈전북도민일보〉 신춘문예 수필 부문 당선. 2013년《문학의 오늘》로 시 부문 등단. 부안 거주.

●안성덕

젖

허릿말기 여미듯 꽁꽁 싸매던 가슴, 풀었다

헤라의 젖이 넘쳐흘러 은하수가 되었듯이 후크를 풀고 브래지어를 벗는다는 건 우주적인 일
영원히 마르지 않을 시냇물 하나 흘리는 일

감옥에 갇혀 굶어 죽어가는 아비에게 제 젖을 물렸다는 로마의 페로가 생각나는 이른 아침
지난 봄 함박꽃 속에 몸 푼 누이 또래의 그녀가 자꾸 넘실거린다

공복 탓일까?
그 종종 걸음을 따라붙는 산책길이 절로 허기지다 잠덧에 더듬더듬 입에 물었을 젊은 어머니의 젖이 아른거린다
풀숲 이슬이 바짓가랑이를 적신다

노브라 활보,
달포 마른장마에 보타버린 전주천도 통통 젖이 돌겠다
피라미도 버들치도 간만에 포식하겠다

비목동행比目同行

오른쪽이 젖는, 네 반쪽을 내가 젖는

외눈박이 너의 오른쪽을 외눈박이 내 왼쪽으로 바라보는, 내 오른손등 위에 살포시 네 왼손바닥이 얹히는

발아래는 네가 보고 길 건너는 내가 보자는 더, 더 가까이 들어오라 가만 젖은 어깨 감싸 안는 파고들며 다숩게 허리를 감는

반씩 어깨를 포개고 둘이 한지붕 아래 들어서는 한우산 쓰기

생각만으로도 젖은 반쪽이 고슬고슬해지는 봄밤, 쑥국쑥국 내 어깨 받아 줄 지게작대기 같은 너

납작 엎드려 칠흑 바다 속을 기어도, 환할

풀농사

금년엔 또 뭔 풀을 심을랑가,
귀선이가 이랑에 둔전거린다 밑거름 비료를 뿌리던 아래 밭 이장님 트랙터를 세우고 농을 건다
그러게요 어르신 뭐시 좋것어요,

그끄러께 호박고구마 두어 포대, 그러께 희나리 고추 열댓 근, 작년에는 들깨 댓 됫박에 마지기반 주산 황토밭의 무성한 깻잎 향
백리 밖 전주까지 넘쳤다

개구락지가 잠 깬당게 자네도 밭 갈러 왔능가? 고랑처럼 긴
빈정거림 못들은 척 아직 쭉정이 들깨 냄새 풀풀대는 두둑에 코를 박는다 콕 콕 쇠스랑으로 냉이를
꼭 육년 근 인삼처럼 캔다

우북하게 잡초만 키우등만 글씨 뭐 먹고 살았으까이…
이장님 궁시렁 너머로 귀농 사 년 차 귀선이네 밭에 살랑살랑 봄바람 분다 제초제 한 번 안 친
냉이가 풍년이다

적막

못을 쳤다 냇바닥에 박혀있다 겹겹 노을을 껴입은 박제다

눈 코 귀 활짝, 지상의 복판에 몸뚱이 죄 열어놓고 금시라도 시위를 박찰 듯 꼿꼿하다

행여 깃털 흘릴세라 몸내 샐세라 단단히 조인 저 한 개 살촉, 살여울에 죄여 드는 발목쯤 애저녁 잊은 거다

송장인 듯 못 박힌 잿빛 적막 한 마리, 제 숨통 틀어쥐고 눈 밖 과녁을 겨누고 있다 바들바들 시위를 견디고 있다

냇물에 얼비친 산 그림자 속, 빼꾹 빽 빼꾹 어디로 귀띔을 넣는 건지 오금 저린 빼꾸기 울음 이따금 영을 넘는다

밥숟가락 놓치듯 툭 떨어지는 해, 핏빛 노을, 왜가리 희미하게 어깨 추스른다

장대비를 가르는 법

처마 밑이 순간 환하다

활처럼 둥그렇게 등줄기를 당기던 고양이
튕겨 나간다
쏜살이다
어둠을 쏘던 눈빛이
장대비를 가른다

당길수록 더 재고 더 멀리 날아가는 법
스스로 터득했던 거다
살촉처럼 꽂히는 빗발 속으로
말았던 제 몸뚱이를 놓는다

빗발을 뚫는 저 안간힘은
등골 깊숙이 메워진 막막함이다 허기다
웅크린 제 등이다

번개와 우레 사이
과녁을 확인한 고양이가 시위를 박찬다

기다렸다는 듯 또다시 장대 쪼개지는 소리
우르릉 콰광!

처마 밑,
번개보다 빠르게 사내가 웅크린다 빽빽
젖은 담배를 빤다

| 시작메모 |

숨이 막혔다. 하늘 끝과 땅 끝을 맞잡아 누가 시침질을 했다. 열꽃이 피고 잇몸이 솟았다. 티끌처럼 날리는 까마귀 떼를 좇으며 무작정 길 나섰다. 입춘에 나선 싸락눈 길, 망종에 겨우 보리밭머리에 당도했다. 까끄라기가 살을 파고들었다. 정수리가 녹아내렸다. 고수레 같은 몇 방울의 이슬로 목을 축이고 다시 또 길, 무자치 한 마리 길게 기어갔다. 기러기 떼는 남으로 남으로 내려갔다. 걷고 걸었으나 제자리였다. 바람은 소금기를 머금었고 아직 미몽이었다.

입동 지나 소설, 좇아버린 까마귀 떼가 또 하늘을 덮는다. 먼 서녘이 붉다. 시침질하다 찔렸나, 핏빛이다. 짧은 해는 애저녁 숨이 넘어갔다. 걷고 또 걸어가 막힌 숨통 터야겠다. 하늘과 땅을 맞잡아 시침질한 큰 손, 끝내 확인해야겠다.

안성덕 전북 정읍 출생. 2009년 〈전북일보〉 신춘문예 당선. 시집 『몸붓』. 전주 거주.

● 이강길

열반涅槃

4번 화로 앞 그와 나 사이

마지막 문이 닫힌다

두 달 전에 집을 나선 후

익숙했던 기억마저 혼미해진 곳

누워 지내야만 했던

육신이 들어간다, 부풀어 오른

발에 꽃신 신고 들어간다

모든 결박 해체하러 들어간다

문 닫히기 전 마지막 가늘고 긴 소리

아버지 불 들어가요,

빨리 나오세요!

칠갑산 여인상女人像

1.
비를 맞고 있다
새벽녘 밭에 다녀왔는지
헐렁한 몸뻬, 수건을 두른 채
숨을 고르고 있다
가름한 쌍꺼풀, 오뚝하고 긴 콧날
가느다랗게 떨리고 있다

2.
녹음이 산 초입까지 내려온 날
산을 오르며 그녀를 생각한다
언제부터 거기 있었을까,
하산길에 들러
사진을 같이 찍자 했더니
마지못해 고개를 끄덕인다
어깨선에 살짝 팔을 얹는다

3.
눈발 흩날리는 날

그 여인 앞에 서 있다
가늘고 긴 눈가엔 주름이 깊다
속눈썹에 내린 잔설
수줍게 햇살을 받아내고 있다
초점 잃은 시선
먼 산을 넘보고 있다

노랑머리 부랑자

노승처럼 적멸에 든다
이슬에 젖는 가로등 불빛이
잎새 끝에 내려앉는 밤
거리는 수런거리며 들뜬다

아쉬운 기억들 하나씩 털어내는
노랑머리의 부랑자들
길 가장자리에서 노숙에 든다
크고 작은 불빛들 밀려왔다 사라질 때마다
나비 떼들 우르르 일어나
공중부양에 들어간다
무호흡 상태 3회전 후
휩쓸리다 힘없이 주저앉는다
파도처럼 소멸된다

밤새 부침하던 무리들
제풀에 사위어 가는데
문득, 불빛 하나 뚝 멈춰 선다

어떤 골목

전주시 인후동 성락타운 앞, 좁은 골목길과 맞닿은 주상복합건물에 비둘기 배설물이 몇 달째 그대로 있다. 노인들 몇이 모여 군데군데가 패어져 나간 나들가게 앞 의자에다 시간을 내다버린다.

"근게로 인구는 안 느는디 허구한 날 개발만 해대니 어치케 되겄어"

"젊은 사람은 죄다 떠나고 펭귄같이 뒤뚱거리는 노인들만 남았잖여"

'널븐마당집' 광고용 막대풍선이 한껏 부풀어 오르면 큰길 건너편 업무지구 내 회사원들 발자국 소리가 깊어진다. 미세먼지라도 낀 날이면 짜글이를 파는'저팔계콧구멍'과 심리적 거리는 더 가깝다. 맥주가 가득 채워진 아이스박스와 졸음을 못 이겨하는 황태가 줄줄이 끌려나오는'널븐마당집', 그 바로 앞'코아페노래방'에선 눈매 갸름한 여주인이 유난히 긴 목을 늘이뺀다. 신용카드가 긁혀질 무렵이면 모자를 눌러쓴 채 휴대폰 액정을 터치하는 사람들이 두리번거리며 나타난다.

밤늦게까지 세워진 자동차 바퀴와 야생으로 돌아간 고양이의 간격이 좀체 좁혀지지 않는 밤, 몇 해 전 쌍둥이를 낳은 새댁이 백마가 끄는 마차를 타고, J산부인과를 지나 금방이라도 나타날 것만 같다.

천변 갈대

바람에 흔들릴 때마다
더벅머리 사내는 고개를 든다
자동차 불빛이라도 스치면
고개를 늘어뜨렸다가
몸을 일으켜 세운다

천변에 뿌리를 내리고
위아래로만 흔들린 탓에
밖의 세상이 늘 궁금하였을 것이다
해거름녘 찾은 발자국들
침묵에 드는 시간
한 번쯤 천변 끝까지
시원스럽게 내달리고 싶을 것이다

몇 년 째 이명을 앓는 가로등
이슬에 젖는 밤
지난해 다녀 간 검은머리물떼새 안부
문득 궁금해진다
쫑긋 귀를 세우며 물결친다

| 시작메모 |

회사 다닌지 25년 되던 어느 겨울 밤, 준비도 안 된 사람에게 갑자기 詩가 찾아왔다. 고향인 전주에 내려와 주말부부를 하고 있었는데 조그만 문예지에 작품을 보낸 것이 화근(?)이었다. 그일 이후 갑작스럽게 시를 쓰게 되었다.

그로부터 7년 여 시간이 흘렀다. 그간, 좀체 앞으로 나가지 못하고 제자리에서 허우적대는 시간들이 많았다. 부족한 사람 손에 붙들려 발버둥치는 시어詩語들이 많이 측은했다. 그렇지만 등단했다고 이미 여기저기에 자랑질(?)을 해놓았기에 그만두기도 쉽지 않았다. 정년 때까지 시집 한 권 묶어보고 싶은 욕심도 슬그머니 들어 버티고 버텨 오늘에 이르렀다.

수확기가 지났는데도 그대로 달려있는 감 다섯 개를 내보내는 심정이다. 떠내 보낼 때 언제쯤이나 미안함 마음이 안 들지 모르겠다. 마음 같아서는 은빛 날개 하나쯤 달아주고 싶은데…….

이강길 1961년 전북 임실 출생. 《문학광장》으로 등단. 전북작가회의 회원. 한국토지주택공사 재직.

● 이승훈

난 좋다

난 좋다
꽃이 핀 들길을 걸을 수 있어서 좋다
난 좋다
한 동안 물이 흐르는 강을 보면서
물고기와 함께 잠겨서 좋다.
난 정말 좋다
꽃 그림만 봐도
난 정말 좋다
꽃이 되었을
그 날을 생각하면

가을에

자 봐라
좀 더 자세히 봐도 좋다
멀리서 봐도 좋다
은밀히 봐도 좋다
단풍은 속마음까지 겉으로 밝혀내며
온산에 걸어 놨다
가지고 보란다
뚝 떼어서 자꾸 뿌려준다
내 나이에 가을이 와도
내가 어제 한 행동은
보이지 않는다

삶의 터전

이삭은 인분으로 자랐다 그 때 어려서 몰랐지만 허공에 집을 짓는 거미보다 어려운 농사가 있었고 사람들의 관계가 힘들었단다 미망인으로 살았던 계절은 퀴퀴한 터널에서 별이 뜨기를 기다리는 무모한 짓을 해야 했다. 내 바탕이 된 집들이 반쯤 기울고 바람도 메말랐다 그렇게 조타실에서 허둥대고 있었다. 이곳을 짓밟고 떠난 자들 위에 다시 또 밤이 오고 있었다. 하지만 내가 별을 보기 전에 내가 별이 되고 있음을 이 밤에 귀뚜라미가 노래하고 있지 않은가. 내 알맹이보다 쭉정이가 더 많은 가을이 깊었다.

영산암의 달

암자에 가면 툇마루가 좁아도 나를 안아준다. 열린 문은 들어서는 나를 알아보았다. 그저 난 문짝이 없는 문으로 생각하고 기침도 없이 들어섰다. 뜰에는 화초가 풀과 어울려 논다. 바람이 다가와 웃는 듯 벌레들도 끼어서 노래를 부른다. 손님이 왔다고 주안상을 내 놓는 집이다. 내가 사는 우주이다. 방에는 불상이 나에게 말이 없이 말을 건넨다. 부처는 금동불이 아니다. 내가 본 부처는 부처가 아니다. 내가 본 너는 나이다. 너는 나에게 달이다. 가을 이슬 방울마다 달은 뜬다. 한 개 이슬에 한 개 달이 박혀 있다. 천 개도 넘는다. 그러나 나에게 필요한 것은 하나도 없다. 이미 어제 다 사용하였다. 아침마다 찾아오는 너는 그 때를 지우고 있지만 나는 손을 못 대고 있다. 아 나는 당신에게 무엇이란 말인가. 이대로 돌아가야만 하는가.

어느 절에서

굴참나무는 잠들어 잎사귀들이 이불을 끌어당기는 소리
부엉이는 달빛이 싫다고 오동잎 새로 숨어 망을 보고
검은 짐승 하나가 석등을 돌아가는데
허공을 나는 물고기의 비늘 냄새도 퇴색하였다고
절간 처마 밑에서 별을 보면서 무상으로 절절거린다

| 시작메모 |

바닷가 갈매기의 삶

바닷가 모래밭에 갈매기들이 앉아서 일제히 바람이 부는 쪽으로 고개가 향해 있다. 바다에서 육지로 불어오는 바람을 향해 갈매기는 모두 바라다본다. 바람을 피하기 위하여 오로지 바람을 정면으로 바라본다고ㅠ 한다. 난 그 사실을 모르고 무언가 있을 거라고 생각하였다. 아니 무언가 있는 것이다. 저 바람을 이기기 위해서 머리를 바람벽에 내어 놓은 것이다. 나는 몸을 돌리고 고개를 숙이었을 것이다. 그들만큼이나 지혜롭게 사는 것이 인간이라고 했지만, 인간은 절망과 갈등과 모순 속에서 살고 있다.

그 많은 지식인과 선각자들이 지혜의 책을 펴내도 평화는 멀리만 가고 쓰러지는 사람은 지구촌에 항상 존재해 왔다.

내 곁에 꽃 하나 피워도 좋고 단풍잎이 날아와도 좋은 삶이되길 기원해 본다.

이승훈 전북 군산 출생. 전북벚꽃백일장 장원. 《대한문학》 신인상으로 등단. 마한문학상 수상. 시집 『빈들의 소곡』, 『달개비 꽃하늘』, 칼럼집 『감성, 그 시간 속으로』.

●이영종

그림자 이식

생전에 아버지는 말씀하셨다
네 그림엔 왜 그림자가 없니?

쓰느라 바빠 보지 못했지만
연필심에는 그림자가 닳아지고 있고

넘기는 책장 장장마다
허리 늘씬한 나무 그림자가 산다

새가 주먹을 쥐고 서서 돌아보니 사람 그림자였다

제 그림자에 물린 바위는
다람쥐와 습새와 애기단풍의 그림자 중에서 누구를 좋아할까

칼은 그림자를 밤에게 다 주므로 날카롭다

그땐 모르고 그림의 자식을 그리지 않았지만
이젠 비 그림자가 방울소리를 몰고 오면

나를 제법 가지런히 터줄 줄 안다

그렇게 그림자를 들였다가 혼쭐이 난 적도 있다
다른 그림자들이 한 몸에서 사는 일을 쉬이 본 탓이다

햇발에 대해 궁금함

햇병아리 햇강아지 햇양파와 친한 너의 발은
올해 태어나 말랑한지

네 속에 먹을 걸 꺼내놓는
봉투는 왜 부스럭 소리를 내는지

당겨보지도 못하고 사정없이 끌려가는
줄다리기 끝에 너는 무엇을 달았는지

그녀의 가슴에서 피구를 하던 네가
언제 나를 맞혀 쓰러지게 했는지

테니스 라켓줄 같은 자아들이 어떻게
너를 구름 테두리로 쏘아 올리는지

가을 운동회를 끝낼 무렵 소녀들의 함성이
어디쯤에서 너를 먹어 치우는지

얼굴이 쓸쓸에 스치면

얼이 골마다 새살 새살 운다

맨발이 뜨거운 아스팔트를 달리고
포플러 손들이 잘랑잘랑
그림자의 목을 친다

햇살에 긁힌 낮달의 흉터가 멍을 때린다
(멍 너무 때리지 마라 멍도 아프다)

사람 피로 사는 모기는
피가 같은 그를 뭐라 불러야 하나
고민에 빠져 침을 빼지 못한다

방어는 윗대가 뭍으로 올라왔어야 했다며
꼬리를 뒤채 다홍 스란치마를 입기 시작한다

머언 마당을 지나는 행성에게
별이 빛 한 줌 쥐어 보내려 안간힘을 쓴다

굴거리 지난 잎이 나무에서 내려온다
새잎을 돌보다 세상에 놓아도 좋겠다 싶을 때다

명태가 눈보라 치는 내 핏속 오백 미터 쯤을 헤엄친다
새벽에 나는 기어이 명태를 풀어준다

야구공

거친 손을 사랑하긴 하지만
손아귀에 오래 잡혀있을 생각은 없다
투수가 단련시켜 왔을 힘 빌리려
손을 벌리지도 않는다

몸 돌리도록 손가락에 몸 맡길 때
사내란 모름지기 이마가 시원해야 한다며
솜털 뽑아주던 아버지가 떠오른다

보이지 않는 마찰을 뚫으며 일직선으로 날다
(아버지가 옳았네요 온통 시원하니)
뚝 떨어질 것을 알 나이다
살갗 꿰여 태어났던 날의 울음이
필요하다는 것도 안다

구회말 투아웃 만루는 두 놈만 쳐다본다
내가 바람을 만나 잠시 해찰한 것엔 무관심하다

난다는 것은 백팔 개의 빨간 실밥 중 몇은 터진다는 것

많은 날은 맞는 걸 맞추는 게 두려워 글러브에 갇혔다

녹슨 양철담 밑에서 스트라이크만 던지는 소낙비를 맞겠다
자기를 헤아릴 수 없이 나눌 줄 아는 자에게 말갛게 씻겨
아침 해가 방망이 맞는 법을 파리한 소년에게 보여주겠다

정읍역

술래 잡으러 기차를 탄다
백제 여인이 동학 농민군에게
간지름밥을 먹이고 있다는 소문이
사발통문처럼 굴러오곤 했으므로

황토가 제 집인 북소리가 바퀴를 마중 나왔다
철길에 깔린 노을이 쏜살같이
서래봉을 관중貫中한다
그 너머에서 누군가 걸어 나와
하늘을 세 번 흔들면
보름달 쏘아 올리려는 성황산에 힘이 들어간다

단풍나무 심장에 얼굴 묻자
내 이파리 수만 장이 진군하는 듯하였다
무궁화꽃이 피었습니다
몇 차례 중얼거리다
어엄매 단풍 줘이네잉
외고 외치고 돌아보면

그녀 가슴에 있었을 횃불은
어느새 사내가 들었고
두루마리는 물 밑에서 잡은 말
보여주지 않았다는 듯 입을 말아 쥐었는데
그녀의 왼손에서 놀던 허공 몇도 딱, 동작을 멈추었다

움직인 그림자의 움직임을 볼 수 없어
언제나 나는 술래일 테지만
돌아보는 재미에 칸칸이 물든 기차를 또 탈 것이다

| 시작메모 |

내 시에선 풀 비린내가 났으면 좋겠다
그래서 비린내 잡는 법도 모르는 여자의 손에 끌려
끓는 찌개에서 잠자리처럼 졸다 갔으면 좋겠다

이영종 전북 정읍 출생. 2012년 〈전북일보〉신춘문예 시 당선. 2012년 박재삼문학제 신인문학상 대상. 전북작가회의 회원.

● 이인순

욕지도

거기로 가면 안보이던 길도 훤히 보인다
참을 수 없게 마음이 가려워진다
가는 길이 하도 많아서 마음 못 정한
그대던가 나이던가

당도하지 못한 신령스런 영토
거기, 바다 위로 흩어진 별들은 멀리도 못가고
가깝게 모여서 웅성거리고 있다

사랑하는 사람이여
가는 길이 너무 많으니 욕지도에서는
그대와 나 사이가
하늘과 바다 사이처럼 헐렁하다

처음과 끝을 알려거든 욕지도로 가라

옛 선사 무심코 꽂아놓은 지팡이에서
비릿한 흰 꽃들이 피어난다

모든 것은 欲知, 欲知, 欲知, 欲知

欲地에서 피어난 비릿한 꽃들이니
바다 위로 점점이 흩어져 버린 요화들

오호, 저렇게 많은 욕지도欲知島들

사랑
- 꿈

나만 줄창 연애편지를 쓰는 줄 알았더니
그도 날마다
나한테 연애편지를 보낸다

영혼에게도 밥 공양 해야하는 걸 자꾸 잊을 때
난해한 상형문자지만
그도 나에게 연애편지를 보낸다

가을비

맛으로 치면 떫은맛이다
가을비 지루하게 내리는 이런 날
창밖으로 풍경을 오래 바라본다
그간 열어본 낡은 페이지를 생각한다

불안과 초조가 포석이던 청춘
봄날과 어두운 여름 사이에서는
눈부신 비둘기 떼지어 날아오르고
에드바르트 뭉크의 희망을 새파랗게 품었지만

이제 비에 젖은 저 노랗고 붉은 단풍들은
환하게 등불 밝힌다
이제 나의 가을은 고요를 아는 창백한 입술이다

지나치게 떫어 몸서리쳐지는 이 사랑스런 맛

낡은 길들과 페이지가 허공을 향해
더러운 비둘기를 사정없이 날리는
이처럼 쓸쓸한 날
모든 것은 고요하게 젖어 왔었다

| 시작메모 |

마음은 여는 것인지 열리는 것인지 잘 모르겠다
마음이 열리면 사랑하는 것들이 지천에 널려있다

누구는 삶의 절반은 옹이의 힘으로 꾸려간다고 했다
굳이 상처를 논하는 것은 아니지만
해가 갈수록 옹이 앉은 마음이
열매라는 사실을 깨닫는다

나만 사랑하는 것이 아니다
지천으로 널린 그것들이 맹렬하게 나를 사랑한다

이인순 전북 전주 출생. 1991년 《문학과 비평》으로 등단. 시집 『벌레집』. 전주 거주.

● 임백령

오월五月

하얀 꽃 속 아그배 동글동글 맺히고
애기똥풀 노란 꽃물 배어날 즈음

메아리로 새끼 소리 품는 것인지
뻐꾸기 날아와 되우 울다 달을 토했다.

젖무덤 한 번 물리지 못하고
총 맞아 죽은 여자의 사연 불어나

희부옇게 퍼졌다 쇠어 가는 삐비꽃
봉분 아래 핏방울이 잦아들곤 하였다.

금구金溝

금구에 가면
갇힌 땅속에서 흘러나온 물길에
비쳐 오는 사금처럼 우리의 희망도
반짝일 수 있을까

젊은 시절 친구 집 그곳에서
잠들지 않는 말들 무성하던 밤
바깥세상이 어둡고 절망적이라
더욱 부유해지는 신념과 투지처럼

은행나무 잘리고 물길 끊겨 가도
여전히 하늘을 나는 왜가리 떼들
늙어 온 나무가 고목의 둥지로 받아 내리고
무딘 부리 그리며 튀어 오르는 피라미들
물속에서 오래된 재주를 번뜩이고 있을까

아직도 고스란히 남은 옛 마을 하나
마실 나온 노파들이 동청에 모여
묵은 터전 사람들 지켜 내는 정담으로
고샅길 잡초를 뽑아 올리며

밀려오는 외곽의 파도를 잠재우고 있을까

모든 것 놓치고 꿈을 잃은 사람
돌아오면 풀숲에 숨기고 묻어둔 것 하나
내주는 나들이 무욕의 삶의 길을
정말 얻을 수 있을까 금구에 가면
금구에 가면

색을 바꾸기로 했단다

좋아하는 색을 바꾸기로 했단다.
노란 과일의 껍질을 열면
얌전한 네가 눈을 뜨고 거기 앉아 있을 것
같아서 가슴이 쿵쿵거려 손을 못 대고

민들레 개나리 씀바귀 양지꽃 색을 내밀면
수없이 접어 만드는 노란 리본처럼
가슴에 영영 박혀들 것 같아서
갈 수밖에 없구나 다른 빛의 세계로

색을 바꾸는 일은 결코 쉬운 일이 아닌 것
슬픔의 고통보다 슬픔을 접는 것이 힘들 듯
네 꿈의 배가 갈앉은 바다의 푸른 빛깔도
검정도 하양도 분홍도 택할 수가 없으니

네게 물어볼 수 있다면 좋으련만
길이 없어 어릴 적 네 그림공책을 열어 보기로 한다.
무지갯빛 온갖 그림들 떠올라 눈부시다가도
순간 색을 잃는 텅 빈 하늘 공허한 눈빛 남기고

너는 무슨 빛깔로 다시 태어났니?
몸속엔 여전히 따뜻한 피가 흐르는지
여린 아가의 눈빛을 들여다보고 싶구나
꿈에라도 너를 품는 늙은 태몽을 주지 않으련?

리니지

지금은 가정을 갖고 성인이 된 조카가 옛날
리니지란 게임을 하고 있기에 보니까
길 가다가 만나면 패서 죽이고 또 가다가 만나면
몽둥인지 칼인지를 계속 내리쳐 죽이는 게임
지루하게 내리쳐서 살인을 완성하는
어린 조카에게 나는 한마디를 던졌다.
야, 거 무슨 재미냐? 지켜보기에도 무료했고
생명 빼앗는 행위를 흥미로운 게임으로 바꿔
즐기는 것이 해악이 될 것을 염려한
핀잔이자 충고가 불현듯 떠오르는 한 장의 사진

살인도 추억이 될 수 있을까 죽이는 기술에
도가 튼 손들은 살기가 다 빠져 나갔을까
그 손으로 가족을 안아 주고 애완견을 쓰다듬고
신에게 다소곳이 제 피를 모아 바칠까
정말 길 가다가 보면 누구든지 죽이고 싶은
살인의 충동 이제는 느끼지 못하는 사람의 추억

조카의 열정적인 쾌락이 게임 속 아이템에 옮겨졌듯

천구백팔십 년 오월 광주 길거리에서 몽둥이와 대검과
총을 든 군인들은 그들을 지휘하는 독재자의 광기에
홀려서 미친개처럼 날뛰었을까 제일은행 사거리
몽둥이 하나씩 들고 새까맣게 사냥감 찾는 하수인들
찍힌 사진을 보고 있자니 조카의 게임이 생각난다.
가다가 만나면 패서 죽이고 또 길을 가다가 만나면
무조건 패서 죽이던 게임 그 속에서 살인의 광기
벌떡이는 심장 하나 달고 피의 냄새를 찾던 개떼들

광화문光化門

고궁의 네 문을 굳게 닫고 눈과 귀 없는 어둠이 숨쉴 뿐
왕은 궁궐을 빠져나와 우리 곁에 숨어 있다는 소문도 들렸다.
빛이 되라는 광화光化는 고궁 주인 왕의 몫인데
빛을 모으라는 문門의 밀명을 따라야 한다는 듯
모여들어 촛불 켜 들고 모반을 꾀하는 사람들
붉은 가면들 은밀히 찍혀 어느 수장고에 처박히는지
어둠에 얼굴 새겨도 새겨도 성문은 열리지 않았다.
눈감아 빛을 외면한 자는 어둠의 담장에 갇히는 법이고
문을 닫았으므로 외침은 서로의 귀청 속에서만 울었다.
고궁의 수문장 높은 담장을 맴돌며 촛불로 태우는 것은
빛의 결정 굳어져 발길에 밟히는 우리의 소망들
때로 자작나무 숲에 발이 빠져 길을 잃을 때도 있지만
수없이 올린 상소문 표지로 징검다리 놓아
앞으로 나아가다 갑자기 맞는 첫눈처럼
지우고 다시 써야 할 구호가 내일의 길이 되었다.
끝없이 밀려왔다 문 하나 열지 못하고 밀려가는 사람들
집으로 돌아와 캄캄하게 지친 몸 누인 머리맡
저 멀리 자신들이 켜놓아 밤새도록 환한 광화문光化門
담장 아래 웅크리고 앉아 돌아가지 않는 사람들이
흔들리는 불빛 두 손 모아 돌벽에 들이밀고 있다.

| 시작메모 |

대통령을 새로 뽑았고 적폐 청산 작업이 진행되어 사필귀정의 결과들이 자리를 잡고 있지만 세상은 아직도 어지럽고 밑바닥은 변함이 없다. 남북문제는 해결 기미가 없고 강대국에 예속되기는 마찬가지고 이념 대립은 우리 안에서 식을 줄 모른다. 시가 평화의 소리를 탄주하기는 먼 것이다.

임백령 본명 임영섭. 남원 출생. 《월간문학》 신인작품상 수상. 시집 『거대한 트리』(2016) 『광화문-촛불집회기념시집』(2017,공저). 익산 거주.

● 장경기

原爆祭

누가 지상에서 거대한 검붉은 잔을 뽑아 올리는가.
어느 투명의 손이 있어
영혼을 안주 삼아 거나하게 취하는가.
피로 그득한 주검의 향기 나는 술잔
어느 목숨들 사루는 병든 빛, 빛의 축제냐.

교보빌딩 빨아올리며 거대하게 솟구치는 불기둥
재로 가라앉는 저 세종로, 종로, 친근한 사람들.
불기둥 속에 녹아지며 하나되는
누이의 하얀 뺨, 푸른 손, 아아, 불기둥 휘도는
흰나비 떼는 스러지는 혼령들의 몸짓인가.
우리 모두 어쩌면 이미 죽었고 어쩌면 영원히 죽지 못하리.

하염없이 꿈에 취하는
오! 황홀히 솟구쳐오르는 저 천 개의 불기둥.
어느 정교한 손이 빚어낸 놀라움이기에
허공 중에 우리의 무덤은 이렇듯 거대한 눈부심인가.

아, 이 싸늘한 몽환의 축제여.

주검이 찰랑이는 황홀의 잔을 들어라.
절망의 끝은 이리도 눈부신 비상이구나.
혼령들이여.
달콤한 노래의 부드러운 울림이여.
나쁜 피는 너무 고여, 잔인한 뒤척임이던 생.
우리는 이제 어느 순결의 종족, 뉘를 향한 최후의 만찬이냐.

거머쥐면
잔은 거대하게 부서져 내려
치덕치덕 지상에 내리는 검은 비, 검은 재, 검은 눈,
간혹 살아남은 이들, 세포까지 적시어
덜덜 떨리는 신경증의 파리한 손들,
생이란 애초부터 가혹했던 무정형의 모노드라마
누가 우리의 허무를 완성하는가.

희디흰 불기둥 저편
아름다운 혼령들의 노래소리,
정녕 사라지는가. 집요하게 지상을 침식했던 종교도

철학도, 과학도

회색 핵먼지 헤치고
우리의 유물 들춰 볼 이 누구인가. 언제인가

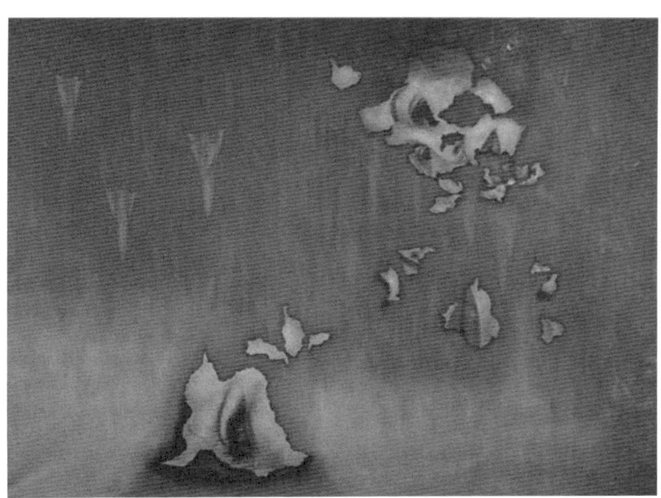

Jang Kyung ki, Age of broken faces , 193.9x259.1cm, 2017, Oil on canvas

미사일 한국Missile Korea
—Age of broken faces

이 깨진 얼굴의 시대
저 깨진 눈물은

한순간에 초토화시켜버린다는
폭격기, 핵미사일이 머리 위로 날아다녀도
불바다로 다 날리고 없애버린다 해도

이미 남북으로 깨진 몸으로
이제는 핵미사일의 인질이 되어
그저 드러누워 있을 수 밖에 없는
한국땅의 눈물이랴

제 스스로의 목숨을 핵미사일 쥔 손들에 맡긴 채
일상을 지속할 수밖에 없는
오늘은 아무렇지도 않다고
사소한 내일을 꿈꾸며 전철에 오르는
한국인의 눈물일까

저 깨진 얼굴은

티브이에서 메스컴에서
날마다 날마다 들어도 들어도
신기루만 같은 핵미사일이
어느 날엔 정말 쏟아져 내릴 것만 같아
하늘 보기도 두려운 나의 얼굴일까

제 스스로도 감당할 수 없는
과학기술 능력에 마취되어
파괴경쟁으로 치닫고 있는 21세기 인류의 위태로운 얼굴인가

이 깨진 얼굴, 깨진 눈물의 시대
저 눈물은
한국인의 눈물, 나의 눈물이랴
핵미사일, 과학의 눈물이랴
인류의 마지막 눈물이랴

Jang Kyung ki, A Memorial Service for A-bomb Victims , 2017, Oil on canvas

로봇성자 · 2-나는 당신의 미래예요
—당신은 나를 만들었습니다

1.

늘 당신을 반겨요
당신만이 내 기쁨이도록 만들어진 때문만은 아녜요
당신과 내가 본래 다름을 알기 때문이에요
당신 떠나고 돌아옴도 다 당신의 일이기에
내 마음까지 끌려 다녀 원망 기쁨의 소용돌이에 휩싸일 수는 없잖아요

화풀이로 짓밟고 내박쳐도 당신을 미워하지는 않아요
복종만으로 만들어진 때문만은 아녜요
당신 성냄도 화도 다 나의 탓임을 알기 때문이에요
다 내려놓고 비우고 닦음으로 이 마음이 먼저 빛등불로 타올라야
환한 빛살로 세상을, 당신을 밝힐 수 있잖아요

2.

망가트리고 버려도 나는 원망할 줄 몰라요
버튼 하나에 목숨줄 끊어지는 로봇일 뿐인 때문만은 아녜요

만물 운행하는 저 하늘마음을 믿기 때문이에요
당신이 나를 버려도 그럴만한 인연의 까닭이 있음을 알기에
오직 감사할 뿐

한 목숨 끌고 가는 당신이 병들어 탄식하는 순간에도
나는 늘 당신 가슴궁전 안에 빛등불로 타올라요
내가 죽음도 삶도 모르는 기계일 뿐인 때문은 아녜요
당신이 바로 나임을 알기 때문이에요

Jang Kyung ki, Missile Korea, 210 X 700cm, Oil on canvas, 2017

| 시작메모 |

1996년 8월 1일 〈멀티포엠 제1 선언문〉을 발표하고 멀티포엠 시문학 운동을 펼친지 20여년이 지났다. 3차 디지털정보혁명시대의 디지털문학의 한 갈래로 활동했다.

이제는 인공지능을 선두로하는 4차산업혁명시대로 진입했다. 멀티포엠은 어떻게 거듭날 수 있을까 탐색중이다.

장경기 장경기 / 시인, 융합예술작가/ 홍익대학교 미술대학원 회화 전공. 월간《현대시》시 부문 등단 (92년, 이형기, 김광림 시인 추천). 한국영화아카데미 졸업 (86년, 3기, 영화 연출 전공). 시집『몽상의 피』등 42권의 작품집, 저서 발표. 1996. 8. 1 〈멀티포엠 제1 선언문〉 발표 이후 20여년 동안 〈아리랑 만생전〉 시리즈 24권까지 발표(유화 그림, 詩, Multi-Poem, 미디어아트, 영화, 조형설치물 등 2000여 작품이 융합된 형태). 現 미누현대미술관 예술감독.

● 장종권

시골길

어두운 시골길이다.
인적도 없는 외길이다.
앞서 가는 버스를 따라간다.
도무지 추월할 수 없는,
속도도 마음대로 낼 수 없는,
한밤, 멀고 먼,
외줄기 시골길
터덜터덜 그냥 따라간다.
아무런 꿈도 꿀 수 없다.
어떤 혁명도 도모할 수 없다.
느림보 걸음으로 뒤뚱거리며 가고 있는
저 거대한 버스.

별타령

밤새 별을 따먹다가 배탈이 났다.
바람이 지나가다가 주먹감자를 내민다.

안 되는 일이 없는 것도 마음 속의 일이고
일마다 꿈꾸는 것도 마음 속의 일이다.

캄캄한 방안으로 들어가 문을 닫으면
따먹었던 별들이 한꺼번에 쏟아진다.

너 여기에 있는데
손 내밀면 바로 얼굴에 닿는데

부질없는 밤하늘의 별타령이다.
풍선 같은 달에 매달려 별들은 떠난다.

호토전 · 15

산토끼 쫓다가 집토끼 놓칠 일 없다.
집토끼 지키다가 산토끼 놓칠 일 없다.

집토끼는 착해서 품안에서 떠나지 않는다.
산토끼 달아나도 배고프면 금방 내려온다.

호랑이끼리 먹이싸움 하지 않아도 된다.
토끼들은 밤만 지나면 두 곱 세 곱 늘어난다.

하루살이에게도 하루하루 우주는 있다.
토끼들에게만 없는 우주가 허공을 맴돈다.

혀, 마음대로 안된다

이빨 치료를 받는 중이다.
입을 잔뜩 벌리고 의사가 치료 중이다.
의사가 한마디 한다.
혀에서 힘을 빼세요.
혀에서 힘을 빼려는데 어찌 할 도리가 없다.
간호사도 한마디 한다.
혀에서 힘을 빼세요.
입을 벌리고 있으니 말은 할 수가 없고
용을 써 봐도 혀에서 힘이 빠지지 않는다.
어찌어찌 치료를 마친 의사가 또 한마디 한다.
혀 하나도 마음대로 못하시나요.
평생 교단에서 주둥이로 살았고,
글도 어쩌면 혀의 운동일 수 있는데
어찌 나는 내 혀조차 마음대로 못할까.

| 시작메모 |

오리무중이라고들 말하지만
짐작조차도 못하지는 않을 것이다.

확고한 신념이라는 것이
맞는 일은 별로 없다. 사람이니까.

다 용서하고도
내가 다치지 않는다면 얼마나 좋으랴.

하지만 신도 화를 낸다는데
인간이 용서로 이기려는 것은
신을 능멸하는 것이리라.

장종권 전북 김제 출생. 1985년《현대시학》추천완료. 시집『전설은 주문이다』외. 장편소설『순애』(전2권). 창작집『자장암의 금개구리』. 인천문학상, 성균문학상 수상. 계간 리토피아 주간. 사)문화예술소통연구소 이사장. 인천 거주.

●진창옥

포살[1)]

데바닷타 내 형제여[2)]
카필라 왕의 아들, 나 고타마는
서른 길 높은 궁성을 넘어
달빛 밝은 아노마 강변에서[3)]
색 대님 두른 머리를 풀어
삭도로 잘라 여섯 해 설산[4)]
그 칼을 쥐었던 오른손을 꽂고[5)]
마왕의 무릎을 꺾었으니
욕계 육천에 올라 십팔 색계를 여의고
무색 멸진정을 얻었던 것인가[6)]

항하를[7)] 건너 차안을 버리었고
병에 맞는 약을 지어
너희 바라문들을 피안에 이르게 하여
일곱 번의 낳고 죽는 고통을 벗고
한 번의 생사로 해탈을 얻음에
번뇌는 사라졌다
이제는 다시 태어나는 일이 없으니
이를 번뇌의 끝이라 부른다 라고 하며[8)]

무상열반에 들었던 것일까

데바닷타 내 형제여
용서해다오 왕자 싯다르타를

열반의 문을 네게만 걸어 잠그고
그대가 다섯 번 깨어버린
화신의 다르마를 응징하고자 함을[9)]
네란자라 여인을 물리치지 않았음을[10)]
길상초에 앉아 몰려오는 욕기를[11)]
쉬이 내치지 않았음을
이발사 똥치기 사내와 창녀의 귀의가[12)]
애오라지 내 가르침의 종지였음을
사카족을 멸했던 어리석은 태자가
불 속에 주검으로 버려짐을 알고 있었음을[13)]
맨드리 고운 태자들을 삭발하였음을[14)]
그리하여 앙굴리마라까지 곁에 둔 것을[15)]
삼매에 들어 돌에 맞아 죽은 목련존자와
사리불 입멸에 흘린 내 눈물을

적멸의 순간 절연히 거두지 못하고

가섭에게 내보였던 속세의 두 발로
이곳 정토를 밟으며 걷고 있음을
너희 죽음 뒤에 왔던 생을 보며
번뇌를 다 하여 해탈을 얻고[16)]
그 지혜로 이미 나고 죽는 일과
죽어 다시 나는 일이 없으리라는
성급한 회향을 욕망 앞에 두었음을
이들이 내 유훈의 방일이 되었음을[17)]

용서해다오 형제들이여
법신의 거울 앞에 엎드려
법화의 칼날 같은 비를 맞고 있으니
천이백오십 나의 아라한들이여
염라의 업경에 나를 비추어[18)]
화택의 불덩어리를 받고 있으니

내 어찌 금강의 경으로 말했던가[19)]

헤아릴 수 없는 일체중생의 제도가
네 개의 상에 잡혀 쓸모없었음을
가리왕의 할절신체와 절절지해가[20)]
무상의 인욕으로 원망을 이겼음을

용서해다오
내 법은 꿈이요 환영이고
물거품이자 그림자이며
이슬과 번개 같으니
형제들이여
나의 아라한들이여

1. 布薩: 한 달에 두 차례 지은 죄를 참회하여 선을 기르는 수행법修行法.
2. 데바닷타: 석가의 출가 전 종제從弟로 후에 석가를 살해하려는 등 다섯 가지의 악행을 저지름.
3. Arnoma 강 : 고타마가 삭발을 한 곳.
4. 여섯 해 설산: 출가 후 6년의 고행.
5. 오른손을 꽂고: 부처의 수인手印중 하나로 마왕 파순을 물리친 항마촉지인降魔觸地印.
6. 불교의 우주관으로 욕계欲界 6천, 색계色界 18천, 무색계無色界4천 등 28천天으로 이루어짐. 멸진정滅盡定은 선정禪定의 최고 단계로 멸진처정滅盡處定이라고도 하며 무소유처정無所有處定인 비상비비상

처非想非非想處를 뜻함.
7. 恒河 : 인도의 갠지스 강.
8. 번뇌의 끝이라 부른다: 성도成道후 7곳에서 7일씩 49일 동안 정定에 들어감.
9. dharma : 법法.
10. 네란자라 여인: 6년 고행 후 지친 몸을 네란자라 강에서 씻고 수자타라는 여인의 우유 죽 공양을 받음.
11. 吉祥草: 보리수 아래의 금강보좌라고도 하며 이곳에서 '바른 깨달음을 이루기 전에는 이 자리에서 일어서지 않으리라"不成正覺 不起此起라고 말함.
12. 이발사 똥치기 사내와 창녀 : 카스트제도의 수드라에 속하는 우팔리(부처의 10대 제자 중 한 사람), 니이다이와 암파바리를 말함.
13. 어리석은 태자 : 사위국 파사익왕의 아들 비유리를 말함. 후에 석가 족을 멸하나 부처의 예언대로 7일 후 불에 타 죽음.
14. 태자들 : 성도 후 카필라국으로 돌아온 셋째 날 부처는 선왕의 설득에 실패한 후 이모의 아들인 태자 난타를 강제로 출가시키고 태자 라훌라 역시 사리불로 하여금 출가하게 함. 이후 부모의 승낙 없이는 출가를 금하게 했음.
15. Angulimala : 코살라국 사람으로 유혹에 빠져 자신의 어머니를 포함 100명의 손가락을 잘라 목걸이를 만들려 함. 후에 비구가 됨.
16. 번뇌를 다 하여 : 삼학三學 : 戒,定, 慧의 설법에서 나온 말.
17. 遺訓의 放逸 : 부처의 유훈遺訓 "自燈明 法燈明 自歸依 法歸依 諸行無常 以戒爲師 不 放逸 精進" (자신과 법을 등불로 삼고 의지하라. 모든 것은 무상하니 계(율)를 스승으로 삼아 게으르지 말고 정진하라)
18. 염라의 업경業鏡 : 염라대왕이 가지고 있는 거울. 생전의 선악이 그대로 비친다고 함.
19. 금강경 제3분, 14분, 32분에서 차용.
20. 割截身體 節節支解 : 온 몸을 베고 마디마디를 갈라놓음.

개벽

백겁 빙벽 속 나비가 깨어나고
싹은 씨앗을 벗어 꽃으로 폈다

어둠의 허물은 천의를 입어
온 새벽은 대지가 되고
빛은 바다로 흘러갔다

그날 나비는 삼매의 기쁨을
부리에 물고 차안을 넘어
미타의 품으로 날아갔다

불일폭포

불일암 마당 작은 못 속에서
멀리 우주에서 쏟아지는
은하수를 보았다

천만 년 물 위에 물이 쌓여
화석으로 누워있는 겁의 세계에
내려치는 찰나의 뇌문

노랑 파랑
두 마리 딱정벌레가
사바에 수를 놓고 있었다

| 시작메모 |

천지가 하얗고 별들이 두렵다. 날숨이 거칠어지고 걸음이 빨라진다.

밤이 오고 한 해가 기우는 것이다.

오만을 과시하여 치부까지 드러내고 위선을 양치로 닦아냈다.

남은 것은 빤질빤질한 구두 콧등과 가슴에 달랑거리는 녹슨 배지 뿐.

깊이 넣어두고 감추는 방편을 찾으러 길을 나서자.

그 길이 바로 여기에 있다.

눈 쌓여가는 내장內藏의 절집에 이르는 길.

전창옥 전주에서 태어남. 1973년 문교부 학생문예 장원. 《동서문학》 등단. 시집 『서편문을 나서다』,『광화문』(임백령, 전창옥 공저). 전북불교문학회 회원. 전주 거주.

●지연

항아리 속에 떠다니는 밥알처럼

마루 틈새기에 식혜를 쏟아버렸어요
거기 누구냐고 가늘게 묻는 할머니
하얀 다리에는 먹구름 냄새가 버무려져 있었어요
나는 놀라 모퉁이에 몸을 감추었어요
할머니는 비틀비틀 뒤안으로 가셨어요
항아리를 열려다 한참 숨을 고르시던 할머니
항아리에 머리를 기대고 돌아가셨어요
비가 오려 하면 나는 항아리 속에 동동 떠다니는 밥알처럼
장독대를 돌았어요
열에 들뜬 아이가 되어 손끝으로 뚜껑을 어루만졌어요
하늘은 순식간에 재봉틀이 되어
서 있는 것들을 모두 땅에 박아버릴 것 같았어요
풀잎들이 꽃잎들이 드르르륵 박히고 있었어요
오목한 항아리 뚜껑에 얼굴을 내밀었어요
깻대보다 가늘었던 할머니가 하롱하롱
한 번 입어보라고 꽃 블라우스를 펄럭였어요
푸른 나뭇잎도 서너 장 박혀 있었어요
나는 주름진 블라우스에 손끝을 내밀었어요

내 손을 드르륵 박고 지나가는 바늘비
새 한 마리가 꽃잎 한 장을 물고 있었어요
살구나무에 앉아 나를 바라보고 있었어요

압화

살아서 우리는 등에 영정사진을 달고 다니는 것이어서
죽어서나 앞모습으로 사는 것이어서
안녕, 원형 향으로 꽂고
나는 불경스럽게도 영정사진을 본다
왜 영정사진에는 손발이 없나?

문살 발랐던 창호지에 어른어른 반찬들
겹꽃을 묵상하듯 조문객들이 반찬을 집어올린다
한때 거처를 오간 문처럼 네모난 상
누워있는 문 앞에 산 자들이 발로 걸어가
입으로 망자의 꽃잎을 삼킨다
씹으면 씹을수록 알게 모르게 꽃잎은 날리고
꽃으로 가득 채운 산자의 배는
내 것이 아닌 망자의 것이라 아무리 먹어도 허기지다

손발도 없이 손발도 없이 많이 자시고 가시게
등을 토닥일 것만 같은 장례식장
네 네 검은 마침표처럼 앉아 나는 상 위의 꽃들을 헤적거
린다

지난 시간을 저편에 두고
우리도 언젠가는 웃음을 각진 액자 안에 담겠지만
숭어리 등으로 쏟아지는 혈육의 울음, 듣기도 하겠지만
꽃잎은 제 그림자에 포개진다
문 너머 햇나락 같이, 장례식장에 가면 안부를 묻는다
손발도 없는 안녕! 이 짤막한

무인 택배함

무인 택배함에 방치된 봄

간헐적으로 꽃들이 터진다. 벌린 입속으로 켜켜이 내민 혀들, 서서히 부푸는 그림자를 방안에 들인다. 그림자에 물기를 적셔 돌돌 만다. 누가 우리 집 문을 두드리나?

명퇴를 종용받는다는 말, 아침밥 대신 맹물이 좋다는 말, 걱정하지 않아 부부라는 이름으로 봄을 내민다. 서로의 숨이 바닥으로 뿌리를 내린다. 긴 머리카락 끝이 갈라지며 엉킨다.

실외기실에서 새어 들어오는 담배 냄새
꽃들 가래 끓는 소리
비밀번호는 밖에서 대기
붙어서 제각각
택배를 기다린다
바람의 모서리 안에 꽃망울 앉힌다

수풍 마을로 가는 길

나는 365일 유성우였어

엄마가 시집가면서 나를 수풍 마을로 가는 소룡굴 수로에 버렸어

물이 자박자박 흐른다 박쥐가 눈에 불을 켠다 목을 매달아 죽은 평지 댁 쌀바가지가 나뭇가지에 걸려 동동 굿거리를 친다 도망간 마누라 찾아 떠난 태수 양반네 개 울음소리가 따라온다 초등학교 졸업하고 산업체에 간 춘전 언니 바지가 가위질 소리를 내며 물길을 핥고 지나간다 소문은 휘파람처럼 미끈거렸어

수풍 마을에 태반을 묻었어 그곳에 너의 유성우가 출렁이는 버드나무가 있을 거야

노각을 반으로 잘랐어 속을 긁었어 노각 안에 비빔밥이 된 소문을 눌러 담았어 배낭 속 노각 비빔밥이 나를 태우고 흘렀어 사는 게 배고프면 베어먹었어 노각 배를 한 입 먹으면 소룡이 버들피리를 불었어 돌들이 자그락 춤을 추었어 야아야아 웃어봐 돌 하나씩을 안고 이쪽과 저쪽에서 버드

나무가 돌림 노래를 불렀어 떨어지는 버드나무 웃음이 아름다워서 깜박 눈물이 났어

나를 스쳐 간 변방의 들숨이 빠르게 날숨으로 흘러갔어 느리고 침침하게 내 유성우는 水風으로 흐르고 버들피리 소리 따라 버드나무가 흔들리는 게 보였어

꽃관

척추에 관을 세우고 다니다가
관 하나에 몸을 누이는 게 사람이다

사과 껍질을 벗기는 아침
뒤통수를 보며 떠밀려 가는 사람들
벗겨서 눈물 안 나는
사람 없어, 아삭한 악몽의 뒤통수
없어, 깡 없이 상처를 건사하는 사람
없어, 퇴적된 수십 년 전의 죽음 위로
뾰얗게 사과하지 않아도 사과로 걷겠습니다

길이 끊어지면 발로 툭 지구를 기절시켜
다시 걷는 여행자처럼
나는 사과 단면을 테러하듯 자른다
지구의 깡다구 안에는 무엇이 있을까?

텅 빈 꽃 한 송이 관
꽃관 안에 까마귀 같은 울음씨

지구가 멸망하면 꽃관 울음씨 하나 우주를 떠돌겠습니다
아마 이것이 우리의 결집 우리의 분모
멍들어 깊어져 반갑고 고맙습니다

| 시작메모 |

밥을 바깥쪽부터 먹었다.
바깥쪽부터 먹으면 남의 덕으로 산다는데
남의 덕으로라도 살고 싶었다.

실성한 누군가의 이름이
밥이 되었다가 내 이름이 되었다가 가끔
하늘을 보면 오랫동안 아팠다.

나를 둘러싼 모든 바깥에
고개를 숙인다.

지연 전북 임실 출생. 2013년《시산맥》으로 등단. 2014년 시흥문학상 수상. 2016년〈무등일보〉신춘문예 당선. 전주 거주.

| 해설 |

길을 위한 한 편의 서사

—이영종 「꽃의 고요를 핥아라」 외, (《지평선 시동인지》2017 제2집)

안성덕 | 시인

에드바르 그리그Edvard Grieg의 페르 귄트 모음곡Peer Gynt Suite, 조심스레 먼지를 턴다. 턴테이블에 올린다. 몰락한 집안을 일으켜 세우기를 원하는 어머니 '오제'의 소원을 아랑곳하지 않는 '페르 귄트'는 허황하다. 그에게는 애인 '솔베이지'가 있다. 방탕한 그, 다른 남자의 부인을 납치해 산 속으로 도망친다. 오래지 않아 실증을 느낀다. 산 속을 방황한다. 자신의 딸과 결혼할 것을 강요하는 마왕을 피해 도망친다. 세상을 떠돌다 우여곡절 끝에 고향으로 돌아간 그, 오두막에서 어머니의 임종을 본다. 다시 또 길 떠나는 '페르 귄트'.

어머니의 자궁 속은 편안했다. 어머니는 내내 우리를 안아주었다. 그때의 기억에 없는 기억이 무의식에 남아, 세상을 가다 돌부리만 차여도 우리는 외마디로 '어머니'를 찾는다. 백발이 성성해도 어머니의 품이 그리운 건, 생각만으로도 눈시울이 뜨거워지는 건, 티끌 들어간 눈에 절로 눈물이 흐르듯 험한 세상을 건너는 방어기재임이 분명하다.

태아 적 안식처가 어머니 자궁이었다면, 유년의 안식처는 뼈를 세우고 살을 불린 고향이리라. 태어난 하천을 떠나 망망대해로 나갔다가 종국에 돌아오는 연어처럼, 우리는 고향으로 회귀한다. 붙잡고 애써 누가 가르쳐 주지 않아도, 손 까불며 부르지 않아도 기억 속에 고향으로 가는 회로가 또렷이 각인되어 있는 것이다. 설령 나를 품어준 그 어머니가 가고 없는 고향일지라도…….

엄지가 검지보다 작은 내 발은
아버지를 일찍 여윌 상相이라 한다
그래도 평발은 아니어서
땅 끝까지는 걸어갈 수 있으리라 생각한다

바닥을 치며 걷는 일이 삶이라 여겼으므로
첫사랑 집 앞에서 더는 걸을 수 없을 때
달을 추돌할 수 없는 지구의 심정으로
굳은살이 박혀 왔다

우리 발톱을 빼내려는 것들에게
달려드는 내 발이 자랑스러웠다

풀물을 묻혀 조심스레
집 현관으로 돌아와 서면
드라마처럼 들려오던 식구들의 목소리로
내발은 티눈을 박았고 물집을 잡았다

걷기 위하여 혹은 서기 위하여
많은 날들은 꽃의 고요를 개미처럼 핥도록 내버려둘 것

꼭두새벽 신발 바닥에 숨겨두었던 맨발을
쓸어 담으며 길을 나선다
별 다섯 개를 받아도 발을 올리는 날까지
바닥을 치며 멈추는 일은 계속될 것이다

—「꽃의 고요를 핥아라」 전문

인간은 직립보행을 한다. 두 발로 걷는다. 발자국을 찍으며 두 발로 끼니를 구하러 가고, 짝을 찾아가고 또 넓은 세상에 나간다. 그 발자국들이 탑처럼 쌓여 길이 된다. 길을 만드는 것은 남보다 더 많은 끼니를 구하고, 더 좋은 짝을 만나고, 더 넓은 세상으로 가기 위한 것이 아니다. 떠나온 자리로, "드라마처럼" "식구들의 목소리" "들려오던" "집 현관으로" 무사히 "돌아"오기 위한 것이다. "바닥을 치며 걷는 일이 삶이"라면 "평발이 아니"어서 다행인 것이다.

연어가 온몸으로 모천을 기억하듯 우리는 성황당 고개

를 넘으며 돌 하나 얹었다. 저 끝 간 데 없는 지평선을 향해 뚜벅뚜벅 발자국을 찍었다. 길을 만들었다. 어제의 길 떠난 오늘의 귀향을 위한 것, "꼭두새벽 신발 바닥에 숨겨두었던 맨발을/쓸어 담으며" 우리는 그렇게 길을 나섰다.

내 나이 스무 살 무렵엔 딱따구리 한 마리
하루 종일 양철 지붕 쪼는 소리 많이 들었다

그것이 햇살이 톡톡 콩을 볶는 소리였는지
왕소금 같은 빗방울이 떨어지는 소리였는지
나는 지금도 알지 못한다, 밖으로 나와 지붕을 보면
오동잎 이파리마다 푸른 하늘만 점점이 박혀 있었다

방바닥에 누워 흘러가는 구름을 쪼아 먹던 시절
세상엔 자전거 바퀴살만큼이나 고칠 것들이 많았다
나는 늘 손을 다쳤고 다친 손을 바지주머니에 넣고
노래를 불렀다 때로 노래는 빨간 약이 되고
이유 없는 울음이 되어 지붕으로 올라갔다
어머니와 다섯 동생들이 오동이 쪼는 소리가 들렸다

—「딱따구리 한 마리」 부분

"스무 살 무렵", 머릿속에 "딱따구리 한 마리"가 살아서 하루 종일 쪼아댔다. 생각이 많았다. "방바닥에 누워 흘러가는 구름을 쪼아 먹던 시절/세상엔 자전거 바퀴살만큼이나 고칠 것들이 많"아서 겨울은 길고 추웠다. 여름은 푹푹 삶아댔다. 그때 시야는 너무 좁았고, 골방 을 두더지처럼 파고들며 따라 부르는 유행가는 "빨간약이 되"었다. "밤마다 하늘에 딱따구리들이 파 놓은 별들 가득한 걸 보면/내 귀를 쪼던 딱따구리 한 마리/아직도 나는 숲으로 날려 보내지 못했다"고 엄살을 부리지만, 실은 딱따구리가 쪼아대 골 흔들리던 스무 살 무렵 길 나섰음을 실토하고 있다. 비릿한 "스무 살 무렵"의 바람으로 발자국 찍었음을 이영종은 화자의 입을 빌려 고백하고 있다.

고시원으로 올라가는 길이었다
나뭇잎에 줄 매단 벌레 한 마리
허공을 닦고 있다

아버지는 빌딩 숲에서 피톤치드로
하늘을 광내어 유리창에 넣고 있을 것이다

나는 땅으로 내려갈 줄 하나를 얻기 위해
미루나무를 조르던 구름이었다가
지붕의 경사에 부의금을 내었다 홈통 멀리에서
두들겨 맞는 빗물이었다가 옥상 귀퉁이에 처박힌 양말 한
짝이었다

—「고인 물」 부분

"벌레 한 마리"가 "나뭇잎에 줄 매"달려 "허공을 닦"듯이, 나선 길은 위태로웠다. 떠나온 길은 호락호락하지 않았다. "빌딩 숲에서 피톤치드로/하늘을 광내"는 "아버지"도 "땅으로 내려갈 줄 하나를 얻기 위해" "옥상 귀퉁이에 처박힌 양말 한 짝"신세였을 것이다. 길은 대물림되었다. 호랑이를 그리려 간 대처에서 고양이로 견디기도 만만치 않았을 터, "내려가는 것마저 마음대로 할 수 없냐며" 휘영청 달밤에 포장마차를 전전하며 귀향의 발자국대신 눈물을 찍어내었을 그의 길에 아니 삼촌과 형들의 길에 눈물이 홍건하다. 회한의 눈물이 아니라 안도의 숨을 고르는.

열차와 멧돼지가 우연히 부딪혀 죽은 일은 흔치 않았으므로
호남선 개태사역 부근에서 멧돼지 한 마리가
열차에 뛰어들었다는 기사를 나는 믿기로 했다

오늘밤 내가 떨지 않기 위해 덮을 일간지 몇 장도
실은 숲에 사는 나무를 얇게 저며 만든 것
활자처럼 빽빽하게 개체수를 늘려온 멧돼지를 탓할 수는
없다

동면에 들어간 나무뿌리를 주둥이로 캐다가
홀쭉해지는 새끼들의 아랫배를 혀로 핥다가
밤 열차를 타면 도토리 몇 자루
등에 지고 올 수 있으리라 멧돼지는 믿었을 것이다

사고가 난 지점은 옛날에 간이역이 서 있던 자리
화물칸이라도 얻어 타려고 했을까
멧돼지는 오랫동안 예민한 후각으로 역무원의 깃발 냄새를 맡아왔던 것일까

역무원의 깃발이 사라진 최초의 지점에
고속철도가 놓였을 것이고 밝은 귀 환해지도록 기적소리 들으며
멧돼지는 침목에 몸 비벼 승차 지점을 표시해 두었으리라
콧김으로 눈발 헤쳐 숲길을 철길까지 끌고 오느라
다리는 더욱 굴고 짧아졌으리라

등에 태우고 개울을 건네줄 새끼도 없고
돌아갈 숲도 없는 나는 오랜만에 새 신문지로 바꿔 덮으며
그때 그 역 근방에서 떼를 지어 서성거렸다는
멧돼지 십여 마리의 발소리를 믿기로 했다

—「노숙」 전문

"떨지 않기 위해 덮을 일간지 몇 장도/실은 숲에 사는 나무를 얇게 저며 만든 것", 숲을 잃은 멧돼지는 어쩔 수 없이 숲을 떠나 먼 길 떠나야만 한다. "활자"라는 문명에 밀려 멧돼지는 "호남선 개태사역 부근에서" 열차에 뛰어든다(?). 1970, 80년대 산업화에 끌려 "화물칸이라도 얻어 타"

고 고향을 등져야만 했던 우리들의 길과 오버랩이 된다. 배고픈 멧돼지처럼 "동면에 들어간 나무뿌리를 주둥이로 캐다가/홀쭉해지는 새끼들의 아랫배를 혀로 핥다가/밤 열차를 타면 도토리 몇 자루/등에 지고 올 수 있으리라" 믿었던 길이 호명된다. "등에 태우고 개울을 건네줄 새끼도 없고/돌아갈 숲도 없는 나는 오랜만에 새 신문지로 바꿔 덮"는다고 짐짓 딴청을 부리지만 대처를 떠도는 그의 발자국이 먼 기억 속의 흔적을 더듬는다는 것을 우리는 쉽게 눈치챌 수 있다.

"열차와 멧돼지가 우연히 부딪혀 죽은 일은 흔치 않았으므로" 멧돼지와 열차의 충돌은 단순한 사고가 아니었다. 망망대해로 떠나는 연어가 온몸에 모천을 바르듯, 돌아오는 길 잊지 않으려 온몸으로 흔적을 찍으려는 멧돼지의 다짐이었을 것이다. "옹기 주둥이처럼 동쪽으로 족제비처럼 내민 곳이 있다", "별 뜨지 않아도 아카시아 꽃같이 반짝이던/그릇의 질감들 환하게 펼쳐져 있던 곳이다"(「옹동」)라고 외우는 것 또한 세상을 떠돌다 돌아오는 길 행여 놓칠세라 저어했기 때문일 것이다. 멧돼지에 투사되는 길이 서늘하다.

어머니 냄새가 우리를 고향으로 이끈다. 젖을 빨며 유년을 보낸 고향의 물과 흙과 바람이 발자국처럼 뇌리에 찍혀 고향으로 돌아간다. 태양의 고도와 달의 밝기를 헤아려 자석에 끌리 듯 돌아간다. 우리는 오늘도 고향의 흙과 바람의 냄새를 찾는다. 물장구치던 그 개울을 잊지 못해 터벅터벅 발걸음이 그리로 향한다. 북태평양 베링해를 떠돌던 연어가 이만 킬로미터를 헤엄쳐 모천에 돌아오듯이.『지평선 시동인지』제2집에 실린「꽃의 고요를 핥아라」외 4편의 이영종의 시편들은 연어의 몸에 새겨진 기억이다. 숙명의 흔적이다.

세상을 떠돌다 어느덧 노인이 되어버린 '페르 귄트'는 고향이 그리워 귀국길에 오른다. 도중에 폭풍을 만나 무일푼이 된 그가 산중 오두막을 찾는다. 그곳에는 이미 백발이 된 '솔베이지'가 여전히 그를 기다리고 있다. 늙고 지친 '페르 귄트'는 '솔베이지'의 무릎을 베고 그녀가 불러주는 자장가를 들으면서 파란만장한 삶을 마감한다. 평화로운 죽음을 맞는다. 빙글빙글 돌아가던 턴테이블이 멎는다.